JN090856

目　次

　本作品の撮影を始めた2007年当時、筆者は私立学校で仕事をしていました。大学で写真学科を卒業したこともあり、学校の広報業務において写真を撮影する機会が多々ある中、「自分の作品」も撮影したい、残したいと思うようになりました。

　題材は学校がスポーツに重きを置いていたこともあり、当時、招致を進めていた2016年東京五輪に狙いを定めました。招致が成功する、失敗するどちらにせよ、変わりゆく街並み、変遷を記録することは後により価値が生まれ、意義あるものと考えました。そして、それは2020年東京五輪への継続した撮影に繋がっていきます。撮影を進める中で題材が、1940・1964年東京五輪との関係性があることを知り、両五輪に関連したものも撮影対象としました。

　こうした世の刻々と変わりゆく変遷を記録する発想は、筆者が大学院時代に教授をいただいた小泉定弘先生（元日本大学芸術学部教授、写真家）の影響によります。小泉先生が出版した『工事中 尾久橋通り日暮里・舎人線を歩く』、『浦安1965-1972』など数々の写真集は本書の制作のきっかけとなりました。

　本書の刊行は2021年6月。撮影は2020年12月までで終えました。撮影はあまり凝らず、熱くなり過ぎず、淡々と継続されました。

　本書が冷静な記録として、東京五輪を伝える機会となれば幸いです。

柴岡　信一郎

1．はじめに

　1964年東京五輪は終戦から19年を経て我が国の復興と発展を世界に示す絶好の機会として開催されました。『放送五十年史』（日本放送出版協会、1977年）には当時我が国の1964年東京五輪への思いとして、下記の通り述べられています。

　これを機会に日本の復興を加速させ、国際社会に復帰したばかりの新しい日本の姿を世界に披露しようという気持ちがこのオリンピックに掛けられていた。

　そして、2013年の国際五輪委員会による開催決定を経て、五輪の聖火は56年ぶりに東京へやってくることとなりました。その2020年東京五輪は世界中での予期せぬウィルスの広がりにより1年延期されるとはいえ、開催の可否を問わず、その開催までの過程は我が国の歴史に残る出来事であることに変わりはありません。

　本書はこれらの変遷、現状を、1940年東京五輪、1964年東京五輪、そして招致が成らなかった2016年東京五輪（以下、2016年東京五輪）、2020年東京五輪の史実に基づいて、「競技会場の史的連続性」に焦点を当てて記録、考察したものです。これに関連してこれまでに発表した成果は下記の通りです。

・「1940年幻の東京オリンピックからの連続性を辿る」
　日本映像学会クロスメディア研究会、大妻女子大学、2015年11月

・「祭りの前夜 2020年東京五輪選手村」『CROSS TALK』7巻
　芸術メディア研究会、2019年3月

・「2016・2020年東京五輪を歩く」
　第45回日本映像学会全国大会、山形大学、2019年6月

・「1940・1964・2016・2020年東京五輪会場施設の史的連続性」
　『コミュニケーション教育学研究』8号、コミュニケーション教育学会、2021年3月

　本書は4つの発表を取りまとめて構成しました。

2. 題材

本書で扱う題材を時系列にすると下記となります。

1936 年　1940 年東京五輪の開催決定
1937 年　1940 年東京五輪の開催返上決定
1957 年　1964 年東京五輪の開催決定
1964 年　1964 年東京五輪開催
2009 年　2016 年東京五輪の招致失敗
2013 年　2020 年東京五輪の開催決定
2020 年　2020 年東京五輪の１年延期決定

3．概要

(1)　形式

①2016・2020年東京五輪の招致から開催に向けての変遷を写真撮影して記録したもの。

②1940・1964年東京五輪の会場、会場予定地等の痕跡や現状を写真撮影して記録したもの。

③その他

(2)　撮影対象

2016・2020年東京五輪の競技会場、選手村、放送センター予定地が密集する東京都臨海地区、ＰＲイベント、プレ競技大会、行政の動向、1940・1964年東京五輪の競技会場、それらに付帯した公共・民間施設等。

場所は東京都臨海地区、その他の東京都、神奈川県が含まれます。

(3)　期間

2007年から撮影を開始し、2020年12月に終了。

(4)　動機

記録撮影を始める動機は2007年当時、将来来るべき2016年東京五輪に向けて変貌していくであろう東京の街並みを記録しておきたいという思いでした。

(5)　状況

記録撮影を開始した2007年当時、国内の2016年東京五輪招致の機運、人々の関心はそれほど高くありませんでした。そうした状況で、五輪の足跡を残すことはその後に何かしらの知見が見出せるのではないかと考え、撮影で各地に足を運ぶこととしました。

五輪が行われる、行われない、どちらにしても、変わりゆく東京の街並みを記録することは意義あることと考えたのです。

そして、2009年に2016年東京五輪は招致に失敗しました。ところが、2016年東京五輪が招致失敗により世間から忘れられ、過去のものとなったことで、これを記録していたことがより希少価値のあるものとなったのです。

撮影を進める中で、2016年東京五輪は1940・1964年東京五輪との連続性、関係性が深いことを実感し、両五輪の軌跡や痕跡である競技会場や会場予定地、

それらの今日の状況を同時進行で撮影することとしました。

　そして、それは2020年東京五輪の撮影でも同様でした。こうして1940・1964・2016・2020年東京五輪による一本筋を意識しながら撮影することで、首都東京を中心とした五輪が立体的に浮かび上がっていくことになります。

■ 4．検証

(1) 方法

　検証を進めるにあたり、その根拠資料として、1940・1964・2016・2020年各東京五輪の開催要項を用いました。

　1940年東京五輪では、『第十二回オリンピック東京大会昭和十五年一般規則及びプログラム』（第十二回オリンピック東京大会組織委員会、1938年）、『第十二回オリンピック東京大会東京市報告書』（東京市、1939年）を基にして会場予定地の当時と現在の状況を対比しました。

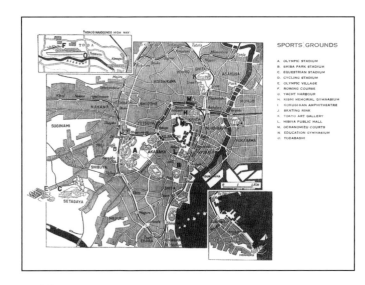

▲ 第十二回オリンピック東京大会昭和十五年一般規則及びプログラム

以降の東京五輪では下記の原資料を用いて同様の確認、対比を行いました。

・『オリンピック東京大会関係資料』
　東京都オリンピック準備局企画部広報課、1964年3月
・『TOKYO2016立候補ファイル〈日本語・概要版〉』
　東京オリンピック・パラリンピック招致委員会、2009年2月
・『TOKYO2020立候補ファイル（日本語版）』
　東京オリンピック・パラリンピック競技大会組織委員会、2013年1月

(2) 連続性

　2016・2020年東京五輪の会場予定地等の現地を訪ね歩いてみると、一連の「東京五輪」から派生する連続性が垣間見られます。それは会場予定地を定点観測や俯瞰して観察することでより明らかになります。一連の東京五輪があったからこ

そ、それが土台となって 2020 年東京五輪開催に行き着いたことが分かるのです。
　撮影した写真群はその変遷からなる連続性により 4 種に分類しました。

① 1940 年東京五輪→ 1964 年東京五輪→ 2016 年東京五輪→ 2020 年東京五輪

② 2016 年東京五輪→ 2020 年東京五輪

③ 1940 年東京五輪→現在

④その他

①として、駒沢オリンピック公園、国立競技場があります。

◀ 図 1
1940 年東京五輪でメイン会場、1964 年東京五輪で第二会場となった現在の駒沢オリンピック公園がある場所には 1932 年まで名門ゴルフコースである東京ゴルフ倶楽部がありました。（『写真週報』内閣情報部、1938 年 4 月 6 日号）

図 2 ▶
1940 年東京五輪選手村完成予想図。1940 年東京五輪のメイン会場として予定された駒沢オリンピック公園にはメインスタジアムの他、水泳競技場、選手村の建設が計画されました。（『olympic preparations for the celebration of the XIIth Olympiad Tokyo 1940』第十二回オリンピック東京大会組織委員会、1938 年）

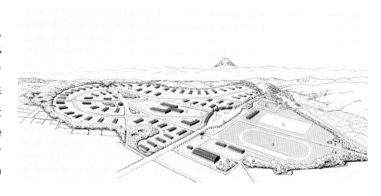

◀ 図 3
1940 年東京五輪の競技会場、日程表。（『第十二回オリンピック東京大会一般規則及びプログラム』第十二回オリンピック東京大会組織委員会、1938 年）

▲ 図 4

駒沢オリンピック公園は 1964 年東京五輪で第二会場となります。サッカー会場となったスタジアム、体育館、屋内球技場等が設けられました。五輪記念塔を中心に屋内球技場を除いてほとんどが現在もスポーツ施設として現役です。（2011 年 5 月）

▲ 図 5

駒沢オリンピック公園のスタジアムとランニングコース。（2011 年 5 月）

◀ 図 6

1964 年東京五輪のメインスタジアムとして設けられた国立競技場（国立霞ヶ丘陸上競技場）があった場所には、1943 年の学徒出陣壮行会が行われた明治神宮外苑競技場が 1957 年までありました。（『写真週報』1938 年 4 月 6 日号）

◀ 図 7
1964 年東京五輪のメインスタジアムとなった国立競技場は 1958 年に開場され、2014 年の閉鎖まで、日本のプロ・アマチュアスポーツの象徴的な舞台として存在しました。（2014 年 1 月）

◀ 図 8
2020 年東京五輪のメインスタジアムとなる国立競技場は前述の 1964 年東京五輪メインスタジアムの国立競技場跡地に設けられ、2016 年 12 月に着工、2020 年東京五輪に間に合わせるべく、2019 年 12 月に開場しました。（2018 年 7 月）

◀ 図 9
国立競技場。2019 年 12 月の開場後は 2020 年東京五輪へのテストマッチの様相を呈しながら、各種トップスポーツ大会の会場となりました。（2020 年 8 月）

◀ 図 10
国立競技場。（2020 年 8 月）

◀図11
国立競技場。（2020年8月）

②として、東京都臨海地区があります。

◀図12
2016年東京五輪メインスタジアム予定地。同地は1940年に開催予定だった日本万博博覧会の会場予定地です。奥は中央清掃工場。（2008年1月）

◀図13
2016年東京五輪メインスタジアム予定地。奥は晴海埠頭客船ターミナル、レインボーブリッジ。（2008年1月）

◀図14
2016年東京五輪メインスタジアム予定地跡地は2020年東京五輪選手村となりました。図12との定点観測。（2018年9月）

◀ 図15
建設が進む2020年東京五輪選手村。（2019年5月）

◀ 図16
建設が進む2020年東京五輪選手村。選手村は五輪終了後に大規模分譲マンション「HARUMI FLAG」として転用されます。
（2019年5月）

◀ 図17
建設が進む2020年東京五輪選手村。（2019年5月）

◀ 図18
建設が進む2020年東京五輪選手村。（2019年6月）

◀ 図 19
完成した 2020 年東京五輪選手村。
(2020 年 12 月)

◀ 図 20
2020 年東京五輪選手村の全景。
(2019 年 5 月)

◀ 図 21
2020 年東京五輪選手村予定地の隣
接地にあった団地群。右はホテル
マリナーズコート東京。
(2008 年 1 月)

◀ 図 22
2020 年東京五輪選手村予定地の隣
接地にあった団地群エリアは月島
警察署とタワーマンションに生ま
れ変わりました。
(2019 年 5 月)

◀ 図23
2016年東京五輪選手村予定地の西側エリア。同予定地はゆりかもめ有明テニスの森駅を挟んで東西エリアに分かれていました。
（2008年1月）

◀ 図24
2016年東京五輪選手村予定地の西側エリアは2020年東京五輪ＢＭＸ会場となりました。図23との定点観測。（2020年12月）

◀ 図25
2020年東京五輪ＢＭＸ会場。
（2020年12月）

◀ 図26
2020年東京五輪ＢＭＸ会場。
（2020年12月）

◀ 図27
2016年東京五輪選手村予定地の
東側エリア。奥は豊洲、東雲地区。
(2008年1月)

◀ 図28
2016年東京五輪選手村予定地の東
側エリア。(2008年1月)

◀ 図29
2016年東京五輪選手村予定地の東
側エリアは2020年東京五輪体操
競技場となりました。
(2018年9月)

◀ 図30
2020年東京五輪体操競技場。図
27との定点観測。(2020年12月)

◀ 図 31
2020年東京五輪体操競技場完成予想図の看板。（2018年9月）

③として、東京都、神奈川県各所があります。

◀ 図 32
1940年東京五輪ヨット会場予定地。場所は神奈川県横浜市山下公園の沖合です。（『写真週報』内閣情報部、1938年4月6日号）

◀ 図 33
1940年東京五輪ヨット会場のヨットハーバー完成予想図。（『olympic preparations for the celebration of the XIIth Olympiad Tokyo 1940』第十二回オリンピック東京大会組織委員会、1938年）

◀ 図 34
1940年東京五輪ヨット会場のヨットハーバーが建設された場所。一帯は現在では埋め立てられ、港湾団地倉庫となっています。
（2017年2月）

館 育 體 央 中 市 京 東
(Perspective of the Municipal Gymnasium)

◀ 図 35

1940 年東京五輪東京中央体育館の完成予想図。同地はＪＲ御茶ノ水駅隣接で、三菱グループの岩崎弥之助邸跡地です。(『第十二回オリンピック東京大会東京市報告書』東京市、1939 年)

◀ 図 36

1940 年東京五輪東京中央体育館予定地にはその後、岸記念体育会館、日立製作所本社ビルを経て、2013 年に複合施設ビル御茶ノ水ソラシティが開業。(2017 年 6 月)

◀ 図 37

1940 年東京五輪自転車競技場予定地。同地は現在のＪＲ品川駅東側にある芝浦 9 号埋立地です。実際に建てられることはありませんでしたが、1938 年には地鎮祭が行われています。(『第十二回オリンピック東京大会東京市報告書』東京市、1939 年)

◀ 図 38

1940 年東京五輪自転車競技場予定地。(『第十二回オリンピック東京大会東京市報告書』東京市、1939 年)

◀ 図 39
1940 年東京五輪自転車競技場予定地。現在は高層マンションが立ち並び、五輪の痕跡はありません。（2017 年 2 月）

④として、都内各所があります。

◀ 図 40
自転車競技ツアー・オブ・ジャパン。2016 年東京五輪の招致にあたり、その気運を高めるために、多くのスポーツ大会が会場予定地を使って開催されました。（2008 年 5 月）

◀ 図 41
自転車競技ツアー・オブ・ジャパン。（2008 年 5 月）

◀ 図 42
自転車競技ツアー・オブ・ジャパン。（2008 年 5 月）

◀ 図43
築地市場の買荷保管所。築地市場は
2018年10月に閉鎖され、すでに
建物は解体。敷地内に東京都環状2
号線が通る他、2020年東京五輪期
間中は選手や関係者の車両基地と
して利用されます。
（2008年1月）

◀ 図44
築地市場。（2008年1月）

◀ 図45
2020年9月に開業した東京国際ク
ルーズターミナル。2020年東京五
輪に合わせて、海の玄関口として開
業。大型客船が入港できるよう東京
湾レインボーブリッジの外湾に設
けられました。（2019年8月）

◀ 図46
神宮第二球場。2020年東京五輪
前年2019年10-11月の秋季東京
都高校野球大会をもって閉鎖され、
2020年東京五輪では資材管理施設
として使用される予定です。写真は
"神宮第二球場最後の高校野球"で
ある同大会。（2019年10月）

◀ 図 47
日本オリンピックミュージアム前に設置された五輪オブジェ。奥は神宮第二球場。（2020年12月）

◀ 図 48
開通を待つ東京都環状2号線。同線は2020年東京五輪選手村と豊洲エリアを結びます。
（2018年9月）

◀ 図 49
開通した東京都環状2号線の築地大橋。橋を渡り終えて旧築地市場内を通り新橋に至ります。
（2020年12月）

5．競技会場の史的連続性

（1）1940年東京五輪から1964年東京五輪へ

　1940年東京五輪の競技会場は80年以上を経て、その痕跡は現在でも多々あります。

　共通しているのは、競技会場が広大な敷地であったため、大規模な造成、建設を伴う跡地利用が進められたことです。

　1940年東京五輪計画はその後の1964年東京五輪に様々な形で引き継がれました。現在の駒沢オリンピック公園は1940年東京五輪のメイン会場予定地であり、それを引き継ぐ形で1964年東京五輪では第二会場として活用されました。駒沢地区は1964年東京五輪を契機に高級住宅街としてブランド化されたのです。

　その他、競技会場予定地であった国立競技場（明治神宮外苑競技場跡地）、戸田ボート場、馬事公苑が1964年東京五輪に引き継がれ、それらは今日でもプロ、アマチュアスポーツのひのき舞台として健在です。現在の首都圏には1940年東京五輪から1964年東京五輪への連続性がいたる所に存在するのです。

（2）1964年東京五輪から2016・2020年東京五輪へ

　2020年東京五輪の競技会場や選手村、放送センターが密集する東京都臨海地区は、2020年に向けて急ピッチで建物や交通インフラの整備が進みました。中央区晴海地区に設置される選手村は五輪後にリフォームされた上でマンションとして販売されます。総戸数は約5600戸。同地区には定住者が急激に増え、密集することになるので、医療機関、公立学校、商業施設等が複合的に設置されます。通勤、通学に伴う交通網、施設は大幅な増設が予定されています。

　1964年東京五輪の多くの遺産が今日、我が国の都心部での貴重なスポーツ空間、都心部に住む人々のオアシスとして活かされています。1964年東京五輪を契機にブランド化された駒沢オリンピック公園、代々木競技場を有する代々木公園エリア、戸田ボート場、神宮外苑地区等は今日でも普及、強化、興業の面で"聖地"ともいえる存在であり、スポーツ界の中心に位置します。

　2020年東京五輪には開催招致に失敗し幻に終わった2016年東京五輪から派生する連続性が垣間見られます。2016年東京五輪のメインスタジアム予定地は2020年東京五輪では選手村となり、選手村予定地は体操競技場やＢＭＸ会場となります。これらを俯瞰して考えると、2020年東京五輪に向けたムーブメントの中で人々の忘却の淵にある2016年東京五輪との連続性が見られます。そして、これらの会場は1964年東京五輪の遺産と同じように2020年東京五輪後に都心

部に住む人々の貴重な生活空間、スポーツ文化の発信の場として再生利用されるでしょう。

　1940年から始まった東京五輪はこれからも世代を超えて各地で脈々と受け継がれていくのです。

▌6．おわりに

　本書では 1940・1964・2016・2020 年東京五輪を契機として大きく変貌する街並みを、高揚感と冷静な視点両面から記録、考察しました。

　世界に冠たる商業エリア・銀座から徒歩圏内に立地しつつ、2016・2020 年東京五輪を契機として一新される東京都臨海地区がどのように大きく変貌したのか、1940・1964 年東京五輪の遺産は今後どのように歩むのか、興味は尽きません。

使用
機材
用
材

CANON EOS D60

CANON EOS Kiss X9i

富士通 arrows F-04K　他

著者紹介

柴 岡 信 一 郎

1977 年　東京都生まれ
1995 年　日本大学豊山高校　卒業
1999 年　日本大学芸術学部写真学科　卒業
2005 年　日本大学大学院芸術学研究科博士後期課程　修了

博士（芸術学）
学校法人タイケン学園　副理事長
学校法人タイケン学園大学設置準備室　室長
日本ウェルネススポーツ大学　副学長
日本ウェルネススポーツ大学ゴルフ部　部長
日本ウェルネス高校ゴルフ部　部長
日本ウェルネス高校東京校野球部　部長
公益財団法人日本幼少年体育協会　副会長
社会福祉法人タイケン福祉会　副理事長

教育、研究、ビジネスの一体化を目指して活動。

【著書】
『東京オリンピックの足跡をたどる 1940－2020 年』タイケン、2021 年
『社会人になるためのキャリア情報リテラシー』技術評論社、2021 年
『スポーツビジネス教本 2020』タイケン、2020 年
『はじめての「情報」「メディア」「コミュニケーション」リテラシー』技術評論社、2018 年
『メディア活用能力とコミュニケーション』大学図書出版、2016 年
『スポーツビジネス教本 2013』タイケン、2013 年
『芸術とメディアの諸相』タイケン、2013 年
『プレゼンテーション概論』朝倉書店、2012 年
『足尾銅山の郷 生きている近代産業遺産』日本地域社会研究所、2012 年
『スポーツビジネス教本 2009』タイケン、2009 年
『メディア・リテラシー』静岡学術出版、2008 年
『報道写真と対外宣伝 十五年戦争期の写真界』日本経済評論社、2007 年
『スポーツビジネス教本』タイケン、2006 年
『芸術・メディアの視座』タイケン、2005 年
『都市農業 in 東京』池田出版、2003 年

中学生、高校生の
進むべき指標を明示した書‼
「逞しい人材」の
養成機関とは───。

なぜ必要か
少年工科学校の
教育

学校法人タイケン学園編

少年工科学校の教育

日本版パブリック・スクールの
逞しい高校生の姿
日本の変革の時、今こそこの学校に学べ‼
第1期生から第53期生までの、57名による回想録から見える
「エリートハイスクールメソード」。

タイケン出版　定価1980円　本体1800円

なぜ必要か 少年工科学校の教育

柴岡 三千夫　監修

四六判　1,980円

狭き門を突破したエリート集団「少年工科学校（高等工科学校）」
その卒業生や教官が初めて語る、今必要な教育とは、
我が国の中等教育のあるべき姿を追求している。

スポーツビジネス教本 2020

柴岡 信一郎 著

B5判

3,080円

将来スポーツ業界で活躍したいと考える人は、何
をどうしたらいいのか。本書ではスポーツ分野は
もちろん、他の分野においても物事の企画、立案、
実践は何事にも通じる。どの業界でも役立つノウ
ハウを収録。

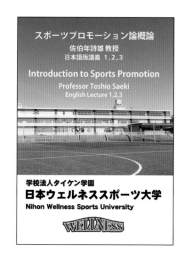

日本ウェルネススポーツ大学のスポーツメソード‼

スポーツプロモーション論概論DVD
佐伯 年詩雄　講義

30,000円

スポーツプロモーションとは何か、スポーツの普及・促進・発展について様々な角度から考える。講義の映像をDVDに収録。映像で分かりやすく学ぶ。

WEL日本語〔タイ語・ベトナム語・英語・中国語〕版
日本ウェルネススポーツ大学国際交流センター　編
N4、5のレベルに準拠した初級版テキスト‼　　　B5判

各1,100円

国際交流センター教職員が中心となって、日本語を初めて学ぶ人のために作成した4ヵ国語版、巻末の問題集100の質問で成果が確認できる。

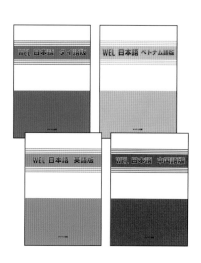

芸術・メディアの視座
芸術メディア研究会 編
A5判

2,530円

電子技術を基幹とした、映像や音楽など無形メディアの価値を、価値たらしめるものは何なのか。芸術・メディア学を「体得」するための評論アンソロジー。

芸術とメディアの諸相
芸術メディア研究会 編
A5判

2,970円

2005年の共著『芸術・メディアの視座』に続き、研究会メンバーの英知をさらに集約した形の共著出版。身近なテーマの手頃な読み物として、各クリエイターのメッセージと対話いただきたい。

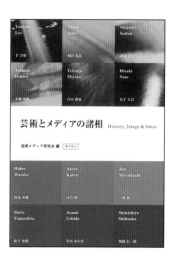

東京オリンピックの足跡をたどる 1940-2020年

第 1 刷発行　2021年 6 月 1 日

著　者　柴岡信一郎

発行人　柴岡三千夫

発行所　タイケン株式会社

　　　　〒175-0094　東京都板橋区成増 1-12-19
　　　　電話 03-3938-8689　FAX 03-3938-8313

編　集　葵コーポレーション株式会社

印　刷　葵コーポレーション株式会社